마음의 표출들

마음의 표출들

펴 낸 날 2018년 4월 27일

지 은 이 김갑용
펴 낸 이 최지숙
편집주간 이기성
편집팀장 이윤숙
기획편집 최유윤, 이민선
표지디자인 최유윤
책임마케팅 임용섭
펴 낸 곳 도서출판 생각나눔
출판등록 제 2008-000008호
주   소 서울 마포구 동교로 18길 41, 한경빌딩 2층
전   화 02-325-5100
팩   스 02-325-5101
홈페이지 www.생각나눔.kr
이 메 일 bookmain@think-book.com

• 책값은 표지 뒷면에 표기되어 있습니다.
  ISBN 978-89-6489-842-0 03810

• 이 도서의 국립중앙도서관 출판 시 도서목록(CIP)은 서지정보유통지원시스템 홈페이지
  (http://seoji.nl.go.kr)와 국가자료공동목록시스템(http://www.nl.go.kr/kolisnet)에서
  이용하실 수 있습니다(CIP제어번호: CIP2018010662).

마음의 표출들

김갑용 시집

생각나눔

목 차

1장

2장

이 책을 나의 벗, 김인희에게 바칩니다.

1장

보호감의 따뜻함

겨울비 내리는데
그대 없는 세상이
두렵습니다. 사랑이
모든 것의 해결책은 아니지요

가끔씩 찾아드는
이유 없는 상실감은
누구를 향한 그리움입니까?

사랑보다 더 깊은
보호 감으로 그대 앞에 서면
훨씬 성숙해진 나를 봅니다

불현듯 그대 내게 하시는 말씀
그리움도 참으면
태양처럼 그대 앞에서
빛나는 내가 될 것이라는 말씀
가슴에 새겨 봅니다

이별의 심상

사랑의 의미도 알기 전에
그댄 날 떠났고
지금 난 슬픔에 잠겨
햇볕 없는 세상에서
조용히 외롭습니다

도대체 고독이란 놈은
우리가 만드는 상황인가요?
저절로 우리 곁에 머무는 것인가요?

울고 싶습니다
그 이유도 자세히 모르는 채로
나는 홀로입니다

마음이 아픕니다
떠나시려거든 마음이나
두고 가시지 모두 가져가 버린
당신은 누구입니까?

새벽의 동틈

새벽이 다가옵니다
기다림의 시간은 참으로
길기만 하여 일각이 여삼추 같습니다

아침이 되면 하루의 시작이
내 앞에 펼쳐지고
나는 시작이라는 엄연한
현실 앞에서 세상에 조용히
시작의 작은 축제를 엽니다

만물이 어둠으로부터 소생하고
서서히 정지로부터
깨어난 삶이 다시 시작됨을
알리고 나의 곁에서 조용히
세레나데를 부릅니다

울지 마소서 그대
삶은 영원한 행복이어야만 하니까요.

환경오염으로부터의 탈출

냉랭한 아침 공기
인적이 드문 도시의 골목 한켠에
자리 잡은 차들의 행렬

누가 버리고 갔나?
20세기 산물 비닐봉지 하나
한 것도 없으면서
환경만 오염시키는 20세기를
이어가는 21세기에는
우린 어떤 모습이어야 하나?
의문이 일지만 환경을 위해
몸 바치는 군상들의 외치는
100년이 되리라 희망해본다.

기다림

새싹이 돋는 봄은
아직 멀었겠지요
그러나 세월은 유수 같다는
말씀 믿기는 말이니까
조금 기다리면
꽃이 피고 새우는 시절
멀지 않겠지요

그리고 따사로운 햇살
하나 가득 그리움의 날도
멀지 않아 오겠지요

마음은 추운 겨울을 지나
노오란 맨드라미
활짝 웃는 그날입니다

하늘 보고 함께 미소 짓고 싶어요
봄이 오잖아요

추운 날의 방랑

한겨울 날씨 매우
춥습니다 그대가 보내준 메시지의
내용처럼 그렇게 추운 날씨에

방랑의 영혼 달래기 위해
한 움큼의 따사로운 온기
가슴에서 품어 올려
누군가에게로 보내고 싶은
순간들입니다
세상 사람 모두가 '꼭'
행복했으면 좋겠습니다
불행이란 순간들이
어찌 존재하여서 사람 마음을
이리도 아프게 한단 말입니까?

누군가에게 말하고 싶습니다
진리는 아주 먼 곳에
있는 것이 아니라 우리의
가까운 곳에서 웃고 있다고요

우주에 대한 생각

작은 공간에 살면서
우주에 대해서 생각한다는 것은
참으로 위대한 인간의
존재함이란 것이 머리를 스친다.

얼마 전 하늘에 떠오르는
별들의 무리를 보고서
베란다에 나와
홀로 감동에 젖은 일이
마음에 한 획을 긋는다

저리도 빛을 발하니
우주는 얼마나 아름다운 것이냐?
어린아이의 여린 가슴처럼
우주에 대한 사랑을
마음속에 품을 수 있다면

우린 분명히 영웅이다

슬픔의 극복

참으로 슬픈 아침입니다.
누가 뭐라 해도 그대에게
이 말 전하고 싶습니다.

세상에 벗어날 수 없는 슬픔은
없는 것이라고요

그래요, 나는 이런 슬픔 앞에서
그대에게 한 줄기 빛을 원합니다.
이 아픔을 이겨낼 수 있는
강하고 강한 심중에 용트림이
있을 것이라고

그리하여 나는 그대와 함께
저 전설의 고향 찾아
이 난관을
벗어날 것이라고 다짐합니다.

나목의 떨림

창밖에 나목들이 겨울에
심취해서 떨고 있습니다
벌거벗은 나무들처럼
우리 모두는 마음에 때를 벗고
조용히 인생길을 가야 합니다

사랑이 얼마나 위대해서
나의 아픔을 능가하려 합니까?

눈물도 해가 지면 말라버려
우리는 달팽이들처럼 머리를 감추고 살아가야
한단 말입니까?
이젠 알겠어요 창밖에서
흩어지는 바람도 마음속 심연의 길로
의연하게 서 있는 나목들처럼 가야 합니다

한마디의 말씀

빌딩의 간판 너머엔
무슨 일들이 벌어지는가?

감상에 배고픈
어느 시인의 가슴에
시심 심어주는 누가 있나?

이성을 잃은
지배자의 가슴을 향해
한소리 하는
어느 여린 백성의 가슴 달래주는
지식인의 절규 있나

그래, 살아가는 거다
다 그렇게 사는 거다
고개 끄덕이는
세상 진리 그들의 가슴에
빛으로 서 있으라

도서관의 존재 이유

도서관 맨 끝자리 모퉁이에
내가 앉아
사람들을 잠시 응시한다

여기 있는 모든 사람들이
무슨 이유에서
이곳에 머무르건
그들의 이곳에서 존재 이유는
지식을 위한 투쟁일 것이다

도서관은 나를 부른다
삶의 충만을 위한 자여
이곳으로 오라
이곳에는 진리가 함께하니

나의 종족의 이름

맑은 강물 위에서
노니는 물오리 한 마리
어디쯤이 고향일까?

풀 섶 사이를 나는
하얀 나비 한 마리
그가 속하는
본성은 어디에 속할까?

나는 조상을 추측할 뿐인
지구 위의 종
황인종이다

누가 있어 이름 불러 주려나

도서관 밖의 정경

겨울날의 저녁은
스산하고 바람뿐이어라
나 홀로 도서관에 앉아
책과 씨름 하다가
알 수 없는 문구에
고개만 갸우뚱

엄마 새 잃은 아기 새처럼
부러진 반쪽 의식을 잡고
혼자서 방황한다

나에게 소망의 날개를
달아 주어서 다시 한번
저 높은 하늘을 향해
날아갈 수 있도록
의식의 심취를 심어다오

산행

이름 없는 바위
그리고 초록이 뒤덮은
산그늘 아래에서

그대와 내가
주인이 되어
나뭇잎들과 이야기를 나누며

오순도순 재미있는
산행에 취해
시원한 산 공기
너무 좋아서
숨 쉬어 가며
산속을 걷고
감상한다

산행

고요한 수락산의 아침은
까마귀 울고
등산객들 드문드문
오르내리고

산속 공기에 취해
가슴 활짝 펴고
그리운 님 보고파서
나무 끝자락
올려다보고

나무에 매달린
나의 마음속
임의 얼굴 그리다가
홀로 산에서 내려온다.

노동절의 감상

하늘하늘 바람이
나의 피부 속까지
시원하게 한다.

이런 날엔 누구에게
한 구절의 시심으로 돌아가서
그대 마음을 가볍게 하는
그 무엇인가가 되고파라

잠시 생각에 젖은 나
노동절의 이날에
노동자인 나는
무슨 생각에 젖어있어야
하는 건지 심중에 물어보고파
잠시 펜을 든다.

봄의 정경

봄은 오는가?
사람들의 옷차림이
가벼워지고

새싹들도 푸릇푸릇 움트고
누가 보냈나 황금빛 햇살
새싹과 함께 공모를 한다.
사람들도 햇빛을 먹고
마음의 살을 찌우고

고기를 위해 강물 속에 비친 햇살
나는 나도 모르게 산책하는
사람들에게 취하고 햇빛에 취한다.

삶의 일상

3월의 9일 오전 10시 30분
약간의 우울과
긴 편안함이 함께 하는 시간이다
옛일을 생각하다 보면
잘못도 있겠지만
작은 기쁨들이 이어지는 단상들이다

아픈 마음 다스려
길가의 풍경을 바라보노라면
나도 모르게 가슴으로부터
치밀어 오르는 삶의 욕구

세월의 의식

푸른 새싹 어김없는
순리를 이야기하고
강물은 맑고 투명한 정신으로
내 앞에서 유유히 흐르고
하늘은 하얀 뭉게구름 동반한
파란 얼굴을 한 우리들의 교향곡

그대와 내가 가슴에서 가슴으로
소리 없는 침묵으로
대화 나눌 때 우리는 어김없는
자랑스런 지구라는 행성에
인류의 한 부분
이것이 절체절명의 진리다

생명애

차가운 3월의 꽃샘바람
산책길을 메운 사람들
이름도 모르는 낯선 사람들이
이야기꽃을 피우며 산책을 한다.

회색빛 하늘을
가로지르는 비둘기 떼들
먹이를 찾는 생명이 있는 것에 본능

그들의 본능을 넘어선
행동에는 무엇이 있을까?
그들을 향한 사람들의
애정은 어느 만큼일까?
생명에 대한 존중을 향한
인간의 애타는 목마름이여!

책 내용의 이해

책들의 바스락거리는 소리
한 장 한 장 넘어가면서
사람의 머리를
집중적으로 공략한다.

눈은 페이지마다
이해의 각인을 찍고
머릿속으로 들어간다.

깨우침은 바다처럼
한 자씩 한 자씩
인간의 머리와 가슴에
지성이라는 깨침을
새겨 넣는다.

독서의 이로움

도서관의 책들은
독자들 사이에서
침묵의 언어로 사랑을 받는다.

사람들은 책 속에서
깨우침을 찾아내고
엷은 탄성을
가슴에 품는다.

우리는 온 곳도 갈 곳도
모르는 채로 살아가지만
책 속에 갖추어진
것을 마음에 품고 살아간다

쇼팽의 가르침

피아노 소리
세상이 내게서
멀어진 듯한
이 지독한 고독

나에게 고독을
선사한 쇼팽
나는 그 이유
때문이 아니라
내가 쇼팽을
사랑했기 때문에

아니, 쇼팽의 음원들을
열렬히 내 가슴에 심었기 때문에
조용히 운다.

세월을 타고 흐르는 눈물
그것은 순수로 향한 나의 싸움이다.

마누님보다 높으신 분을 향한 나의 마음

석양은 언제 봐도 아름다워라.
붉은 태양 저편을
꿈꾸며 살아가는 나의 심연에
축복의 성 있으라.
꿈을 잊은 자에게
꿈을 찾아 떠나길
권유하시는 그분의 말씀에
나는 항시 고개 숙여
긍정의 몸짓 전신에
아로새긴다

바다의 메시지

나 스스로가 나를 버린다.
출렁이는 파도가 나를 바라본다.
그리운 고향에 대한
애증의 그림자를 버리고 싶다.

어쩔 수 없는 고통의 심연의 바다
누가 사랑을 외쳤나
그대도 나도 아무런 말이 없는데
어째서 바다는
우리 마음을 흔들어 놓는가

우리는 다시 긍정의 몸짓으로
세상을 향해 구원의
손길을 그리워 한다.
다시 일어서고 싶다
바다여!

바다의 혁명

나를 닮은 여자가
커피숍에서 나간다.
누굴까?
저 여자는 바다를 품에 안고
어찌 저리도 태연할까

가슴이 설레어
조용한 흔들림으로 떠는 나
저 여자의 심연으로 들어가 작은 파도가 되고 싶다
그리하여, 저 여자와 하나가 되어
파도의 혁명을 바라보고 싶다
그 혁명으로 인해 흔들리는
저 여자와 나의 영혼을 경험해 보고 싶다.

비둘기의 고향

구구구 소리
세 마리의 비둘기
카멜레온의 등처럼
오색으로 물들인 목 줄기
검고 희끗한 몸통
땅에 닿은 꼬리

주변에서 맴도는 너희들
아쉽다 가버리는가!
너희들은 온 곳도
갈 곳도 모르는 채로 와서 떠나려는가?

생명의 수평선을
끌어안고 사는
생명체의 삶은
위대한 평범이어라

봄이 오는 소리

비둘기 오순도순 먹이를 쪼아 먹고
햇살은 내 몸 전신을 파고 반짝이는데

계절은 긴 겨울잠을 깨고
산뜻한 봄을 맞이하는데
우리는 누구랄 것 없이
거리 산책길로 쏟아져 나와
그동안 움츠린 몸을
활짝 기지개를 켜고
봄을 위한 환상곡 하나
열린 몸으로 만들고
이야기꽃을 피운다

그대와 내가 만든 사랑의 이야기는
환상의 세레나데처럼
어울림의 기대에 찬
애잔한 그리움의 노래

하루의 끝자락

도서관의 끝 종인
하나의 음악이 흐른다

마음을 정리하고
일어나야지
오늘 하루도
어찌어찌 하다 보니
끝이 났다

이젠 눈물을
흘리지 말아야지
그리고 사랑스런
친구를 생각해야지

그리고 힘을 내야지

한낮의 개천가

바람이 시원하다
물오리들이 개천에서
한가롭게 놀고 있다

인생을 생각하면
자꾸 눈물이 난다

사람들이 지나간다
길가에는 한 무리의
꽃들이 바람에 흔들린다
눈물이 쏟아지고
나는 다시
전설 속에 한 여인이 된다

보통 돌의 생애

보석 중의 보석이 아닌 그대
길가의 하찮은 돌멩이로 살다가
비와 바람에 형체를 잃을 운명

한탄스러운 운명에
눈물이 날지라도
나는 가장 빛나는 마음으로
한 세상 살다가
마감하는 그날 그대에게
한 곡조 세레나데
부르고 떠나리라

부산에서

먼 수평선 너머로
새로운 세상이 있을까?

모든 것을 접고
부산 바다에 와보니

사람마다
가슴에 시름 하나씩 담고
웃고들 있구나.

어디로 가야 하는지는
누구도 모르고 있지만
그저 최선을 다해야 한다고
파도가 일렁이며
우리에게 가르친다.

초여름의 기차여행

바람 한 점 없는 작은 나라
대한민국의 어느 초여름
나는 기차를 타고
여행을 떠난다.

가슴의 응어리들일랑
깨끗이 지워 버리고
다시 도시를 찾기로
마음으로 다짐했다.

마음이야 약간
우울이지만 그래도
다시 한번 태어나려
기지개를 켜본다

커다란 깨달음

강물이 소리 없이 흐르고
지난 꿈에서 나타난
꿈속의 사자처럼
21세기를 포효하면서
살 수 있는 것은 아니다

그러나 한순간의 삶들이 모여
전체를 이루듯이
나는 다시 한번
나 자신에게
좁은 어둠의 삶을 버리고
다시 깨어나라
내 안에다 말하고 싶다

환경오염에 대한 반성

하늘이 푸르르지 못함은
나의 잘못 또한
포함되는 것이다

지구의 한 일원으로서
자연은 인간에게
많은 것을 주지만
어느 사이 우린
자연을 파괴하는
동물이 되었다

슬프다, 인간들의 심연이여
우리 모두에게
다시 한번 반성 있기를

도서관에서의 지혜 한마디

시원한 도서관 한켠에
자리 잡고 앉아
에세이를 읽다가
그대 생각이나
잠시 독서를 중지하고

눈가에 선한 너에게
한 줄의 메시지를 보낸다

인생이란
그저 한편의 통속적인 소설
그러나 그 소설에서조차도
진실이 담겨있음을
우린 잊지 않았다.

바람이 머무는 자리

바람은 자신의
의지와는 상관없이
누구의 부름도 없이
조용히 왔다 떠난다.

태곳적 어떤 성인의
정신이 있어
바람에게 말 전했는가?

누가 우리에게
청명한 정신으로
바람과 함께
이곳에 머물게 했는가?

봄의 제전

투명한 햇살이
창문 사이로 밀려 들어오고
사람들은 햇살에 대한
의식도 없이

바쁜 몸짓으로
이 도시를 아름답게 꾸민다.

완연한 봄의 태양은
따사롭기도 하지만
아름다운 마음을
가슴속에 하나 가득
심어주고 인간에 대한
이야기를 들려준다

도서관으로 향하는 길

비가 내리는 아침에
가방을 메고 도서관으로 향했다
내리는 빗줄기가
내 가슴을 16분음표로 때리는데

나는 그 이야기의 소절
한 소절을 가슴에 담고
대지에 빗방울을 새긴다
너의 노래는 하늘 높은 곳으로
나의 심연은
바람 타고 비 사이로
웃자
웃자
엷은 미소로

그리움

차마 그리운 사람도 없었어요
그냥 혼자서 울었죠
불현듯 떠오르는 얼굴
눈물 섞인 친구의 얼굴

나는 이승을 약속하고
너는 나의 약속의 상대자
푸르른 잔디 위에
풀잎처럼 변함이 없는 너의 모습

너는 눈물이어라
이슬보다도 투명한 너는
한 방울의 눈물이어라

생명의 비

간간이 내리는 빗줄기
상념의 말들이 귓가에 맴돈다
누구의 아픔일까?
길가에 흩어진 낱말들

사랑도 미움도
끝을 향한 끝이 없는
우리들의 젊은 날의 노래

여름날의 한 송이 꽃을 위해
내리는 이 빗줄기도
그대 없이는
아무런 의미도 없는 것을

여름의 계곡

그대 없는 도시의 산자락에
산새들 날아와 지저귀고

마치 슈베르트의 송어처럼
계곡물 속에서 뛰노는
몇 마리의 물고기들

아프지 말고 굶지 않고 잘 자라서
천당처럼 물속을
헤엄치는 아름다운 생명체
되어라

바람도 없는 오늘은
왠지 산이 그립더라.

지식의 입력

형광등 불빛으로만
충분히 글자들을
탐독해 낼 수 있는
도서관의 많은 책들

오늘은 어느 작가와
대화 속으로 빠져
이해의 미궁 속으로
들어갔다 나올까?

문장의 어머니
모음과 자음들
그들의 활동에
감사의 마음을 전한다.

무리의 흔적

새들이 노래를 하고
초록은 우거지고
사람들의 얼굴엔
미소가 가득

만물에게 묻노니
모든 것들에는
혼이 깃들어 있어
신령스러움이 있으니

그대에게 나의 메시지
한 자락 띄워 보내니

눈물이 나거들랑
내 영혼 슬픔 속에서
한이 맺혀 운다고 전하라

마음 상태

감성과 이성의 조화
어느 것에 치우침 없는 중용

정신의 명석함은
명상에 잠겨있는 마음 상태다

어느 상태도 아쉽지 않고
마음의 비상을 꿈꿀 수 있을진저

이별

그대가 떠나던 날
여름의 태양으로 인해
풀잎은 말라 비틀어지고
하늘은 눈물을 흘렸지

의미도 모르는 나는
그대 떠나는 뒷모습에
끝없는 그리움이 쌓일
것이라고 예상했지

떠남에 의미를
새길 수 없어서
차라리 기다림은
그대 향한 발라드

낯선 감정

창문 사이로 햇살이
내 가슴 속에서는
애잔한 음악이
절로 춤을 춘다.

사랑이라고 말하기엔
너무나도 낯선 이 감정의 계곡

세상 모든 사람을
사랑할 용기가 내겐 없는 걸까?

자꾸만 삐뚤게
마음의 심연 속에 우주를 향해 나가는
한 움큼의 감정의 굴레

사랑하리라 그렇게 외쳐본다
마음 깊숙이 목청껏

의식이 성장

휴일 날 도서관에는
할 일 없는 사람들의 쉼터

그들의 의식 세계는
읽는 책에 비례해서
조금씩 조금씩
성숙해 간다.

나의 책 편력은
우주 과학을 멀리하는 습성이기에

인간사에 더욱 많은
관심을 끈다.
사회생활의 한 페이지가
오늘도 조용히 넘어간다.

바람의 메시지

시원한 산속의 바람
잠시 나뭇가지에 머물고
누구의 영혼인 듯
참으로 나의 가슴에
귀엣말을 속삭인다.

이렇게 아름다운 바람이 있어
영혼의의 속삭임 전할 수 있으리

비 되어 내린 계곡물도
나에게 신비이어라.

나에게 영혼 있으니
그대 영혼의 메시지
바람에 실어 보내소서

2장

이방인의 고향

나뭇잎 아직 여름인 듯
푸르름 더해가고
그대 없는 거리는
왠지 쓸쓸하기만 하고.

거리의 사람들은
갈 곳을 잃은 듯이
우산 없이 조용히 걷는다.
누가 말했을까?
이방인에게는 심연의 눈물이
가득 고여 흐를 때

그 순간에
참다운 고향이 가슴에 와
닿는 법이라고

존재의 끝

창문 너머의 세계
어쩌면 나의 존재의
내일의 모습이
그곳에 있지 않을까?

나의 자각의 세계는
언제나 고독하여라
그 고독 벗 삼아
끝없는 방랑의 길을
너와 함께 가고파라.

내 가슴에 각인으로 남은
선혈의 꽃 한 송이 들고
무수한 성인들의 세계로 가야
내가 존재하는 이유의 끝이 된다.

겨울비

겨울을 재촉하는
찬비가 내립니다.
여름은 너무 길었고 더웠지만
가을은 짧은 풍성함을
알리는 계절입니다.

우리는 누구입니까?
시간도 공간도 영원할 수 없는 변화로
정체성을 해체시킵니다.

눈물이 납니다.
그러나 한번 살아보고 싶습니다
그대와 더불어

방황

하늘에서 상심한 별이
우울한 표정으로
나를 내려다본다.

갈 곳을 잃은
철새처럼 나는 방황을 하고
누구에게 이 아픈 마음을
하소연하나?

그대라면 혹시
받아 주려나
울지 말자
다시 한번 살아보자.
나의 심연의 상태가
아프더라도
조금 참아 보자.
조금 참아 보자.

겨울밤의 고독

찬바람이 부는 겨울입니다
그대도 외로움에
잠 못 이루고 추위에
떨고 있겠지요.

눈물일랑 저 하늘에 묻어두고
조용히 밤을 지새우면
하얀 등불을 가슴에 밝히고
그리운 편지를 보냅니다.

혹여, 그대 내 생각나거들랑
밤새워 그댈 생각다가
홀로 재가 되어버린 나를
잊지 마소서

겨울의 단상

거리에 겨울의 자취들이
여기저기에서 난무합니다
하늘은 시리도록 파란데
옅은 구름 사이로
눈비 소식 아련합니다.
·
인간의 가슴에는
지난날 추억의 잔해들로
무성한 듯합니다.

가로수 길가에 은행나무도
멀리 벗은 자태 또한
지난 추억의 화려함
이야기하는 듯합니다.

울지 마십시오. 그대
눈물이 나거들랑
한 조각 추억쯤으로
나를 생각하시겠습니까?

삶의 의지

오늘 아침은 기분이 상쾌합니다.
바람도 시원하고
회색빛 구름 속으로 숨어버린
태양도 빛을 내려 합니다.

참으로 미소가 떠오르고
가슴에 힘이 들어가는 아침입니다.
멀리에서 그리운 벗이
희망의 메시지
보내 줄 것 같은 아침입니다.

그래요, 다시 한번
살아보고 싶습니다.
눈물은 옛 이야기가 될 것입니다.

마누님보다 높으신 분의 은혜

한파가 심합니다.
낭만보다는 걱정이 앞서는
이 나이에 나는 겨울 앓이를 합니다.

청춘의 서슬이 푸른 날엔
이런 추위에 눈이라도 내리면
낭만적인 놀이 눈싸움을 합니다.

마누님보다 높으신 분이
보살핌으로 내게 존재의 본질의
진정한 생명성이 부여되어야겠지요.

하늘에 뿌옇게 펼쳐진
한 겹의 회색빛 바탕에
그들을 위해 하나의 마음
심어 봅니다.

실존의 느낌

문 너머로 회의하는 말소리
그 너머에 차가운 도시의 거리
난 누구의 존재를 배경으로
실존의 21세기를 살고 있는가?

알 듯 말 듯 하면서도
나의 마음을 때리는 20세기 철학자
장 폴 사르트르 타자의 존재 이후에
자신의 존재를 인정하는
이 휴머니스트 철학자가
가슴이 사무치도록 마음을
아프게 한다

실존의 지금의 나의 존재감
아프지만 나는 실존이고
그러하기에 열심히 느끼며
살아야 한다.

봄의 기다림

목련이 피기까지는
아직 한 계절이 남았는데
나는 목련 나무를 넋이 나간 듯
바라보고 있다

이 목련이 필 때면
그대에게 나도 예쁜 소식 만들어
그대의 가슴에 조용히 의식의
뿌리 내리고 싶어라

꽃은 피고 따사로운
날씨 계속되면
나도 가슴에 한 움큼
꿈을 안고서
봄 그대 품속에 안기리

인식의 조각

어둠이 밀려듭니다
누가 버렸을까?
차가운 꽃 한 송이

빛나는 슬픔 안고서
너에게로 가는 길 위에
인식의 한 조각 깨달음

당신 어느 별의 시인인가요?
조용히 밤을 지키고 앉아 있는 나는
당신의 지혜로움을 헤아려 봅니다

저 지하세계의 신으로부터
물려받은 진실의 우산으로
이 세계를 빛내고 싶습니다

현실의 의무

샤티는 조용하게 한결같습니다.
나도 샤티처럼 그렇게
시를 쓰고 싶습니다.

그렇게 조용히 앉아서
그렇게 침묵하는 나를
맡기고 세월을 타고
흘러가고만 싶습니다.

잔잔한 호수에 일어나는
작은 파문처럼 조용히
나의 심상을 적어 내려가고 싶습니다.

나도 알지 못하는 미래의
비상을 예측하는 내가 되고 싶습니다.

앞날의 축복을 위해 그렇게
현실을 불태우고 싶습니다.

고독으로의 귀환

집으로 돌아오는 길은
언제나 고독이 나를 안습니다.
일테면 내가 나 자신에게
고독감을 선사하는 것이지요

참으로 바람이 시원하게
느껴지는 겨울 오후입니다.
내 영혼도 함께 이 거리에서
그대들에게 떨어져 홀로이고 싶습니다.

사람들은 저마다
추운 겨울에 고독감을 가지고
버텨내야 함을 일찍부터
깨달은 것 같습니다.

나의 고독감과 그대들의 고독은
만날 수 없는
평행선인 듯 저는 언제나
홀로인 듯합니다.

귀환으로의 권유

추운 겨울 저녁입니다.
따뜻한 보금자리 생각이
절로 나는 순간들의 연속입니다

그대에게 한마디 아름다운
말씨라도 건네는 내가
되고 싶습니다.

그리하면 그대 나의 온기를
받아 행복한 겨울을 날 수가
있을 것 같은 좋은 느낌입니다.

거리에서 방황하는 그대여
이 겨울은 그대의 생명의
평온을 위해서는 너무나도 차가운 계절입니다.

어서 빨리 가족의 품으로
돌아가십시오.

거리역사의 필연

하늘은 푸르고 태극기가
펄럭이며 계양 되어 있다.

인적은 드물고 한 대의 차가
미끄러지듯이 거리를
가로지른다 저 사람의 도시 변두리에서
볼일은 무엇이며 어찌해서 우리들의
운명이 이럴까?

건물들의 간판 너머
인간은 실존하는 것일까?
알 수 없는 수수께끼처럼
되풀이되고 운명인 듯 숙명인 듯
피할 수 없는 것처럼 모든 것이
필연으로 보인다.

지나감의 운명
이것으로 역사는 이뤄진다.

한 해의 바람

창밖은 파란 겨울인데
나는 창가에 서서 그대 이름
되뇌이며 아픔 달래봅니다.

눈물이면 참지 말고
아픔이면 가슴을 쥐어뜯어라.
하시던 당신의 말씀

또 한 해가 갔습니다.
다시 시작해야지요.
그리고 지인들에게도
마음으로부터 우러나오는
무형의 메시지 보내야지요.

산다는 것은 실오라기 엮듯이
한 뜸 한 뜸 엮어 나가는 것이지요.

2018년에는 행복하시길

자화상

거울에 비친 내 모습
누굴까 낯설다
이름 석 자를 되뇌어 봐도
주군지 마음은 생경하기만 하다.

어느 틈엔가 내 가슴
빈 곳으로 스며든 이 낯이 설은
인간은 세상에서
버티기 위해 아등바등이다.

마음속에 심어지지 않는 나의 의식 세계
그대는 알까?
한마디 해주길
허공중에 간절히 바라본다.

의식의 깨어남을 위해
또 한 번의 고통이

그분의 보살핌

일기예보에서 내일은 눈이 내린다고 했다
이 밤 지혜로운 의식을
신보다 높은 존재로부터 선물 받아
살아가는 우리

우리는 누구의 보호를 받고 있는가?
먼 고향으로부터 내려오신
그분의 은혜

이 밤 누가 그분의 보호 아래
있지 않은 자 있는가?
이성과 감성을 초월한 그분의 보호
우리는 정녕 그분의 품 안에
있지 아니한가!

마음속에 진주의 탄생

몸이 편치 않아서
잠시 눈을 감고
명상에 잠겨봅니다.

어렴풋이 떠오르는
짧은 단상들
명상에 잠겨
조용히 침묵을 지켜보면
나도 모르게 눈물이 흘러내립니다.

내면의 강함만이
세상 모든 부조리를
극복해낼 수 있다는
진실 앞에서
숙연 해지는 나를 봅니다.

성숙의 아픔은
조개 속 진주의 일대기처럼
값어치 있는 고통입니다.

만물의 탄생

태양은 빛으로
세상 위에 존재한다
만물에 깃들어 있는 신성을
태양이 부여한 것이 아닐까?

그 옛날 태양의 폭발로 인해
무수한 행성들이 탄생했다는
전설이 있었으니

만물은 모두 태양 빛을
먹고 지내니
그중에 인간이 제일 높은
영혼을 가졌다 하더라.
으뜸인 존재로서
책임을 느껴야 하니

우리 삶의 의미를
깨달은 순간들이
존재해야 하질 않겠는가?

마음의 비

가슴 속에서 비가 내립니다.
좀처럼 그칠 것 같지 않습니다.
내 마음은 빗줄기 따라
눈물바다입니다.
왜 이리 슬픈 것일까요?

아무리 다잡아 보려 해도
좀처럼 슬픔은 끝나질 않습니다.
그래서 그대에게
영혼의 메시지 보내 봅니다.
그대 나처럼 눈물이 나거들랑
애써 참지 마십시오.

이 비가 그치는 그날에
그댄 나에게 어떤 심상을 하고
대할까요?

맑게 개인 날
우리 한 송이 꽃과 나비 되어
만남의 약속은 멀기만 한 것일까요?

무생물적 존재

버려진 의자들
주인이 없으니
혼자만의 의식 없는 존재가 되겠지만
생명이 있는 존재가
의식을 부여해야만
존재할 수 있는
무생물적 존재들

인간인 나는
나의 존재감보다
무생물적 의자들의
존재감에 깊은 감동을 얻는다

이타적인 감탄사를
만발할 수밖에 없는
세상 모든 것들에 대한
끝없는 경외심

지하철의 손잡이

지하철의 안의 손잡이들은
규칙적인 모습으로 흔들리고
침묵의 시위를 한다

사람들의 손이
말로 표현할 수 없는
시련을 준다고

만원인 지하철 안에 사람들 그리고
사람들과 그들과의
알 수 없는 뒤틀림

아침부터 한밤중까지
실은 기다림의 연속이었는데

박하사탕

달콤하고 화한
박하사탕 1개
내 입속에서 왔다 갔다
맛의 향연을 연다

어찌 이리도 달콤하고
맛있을까?

여름날의 거리

도시의 건물들은
사람들을 숨겨준다
무엇이 부끄럽기에
건물 안으로 자신을 감추는가?
무엇이 자신 있어서
건물들은 사람들을 유혹하는가?

하늘을 제대로
우러를 수조차 없는
이 땡볕의 인적이 드문 거리에

사람들은 전설에 나오는
건물의 숲에
이 도시의 의식을 심는다

비밀스런 앎

햇볕이 쨍쨍한 오후 3시쯤
우리 모두는 일을 놓은 채
두런두런 이야기꽃

푸른 하늘은
누가 칠한 도화지일까
그 밑에 사는
우리들은 오색빛깔
무지개색으로 삶을 그려나간다

신의 존재는
물론 긍정한다

그리고 나는 또 하나의
비밀로 된 엄연한 진실을 안다

지하철 안의 풍경

지하철 안은
사람들 목소리의 합창이다

아가는 새근새근
숨소리로 말하고
어른들은 오순도순
낮은 톤의 목소리로
서로의 마음을 전한다.

나는 창밖을 바라보며
매정한 도시의
이정표를 읽는다.

신이상의 존재를 위해

바다색 물 바탕의 푸른 하늘
그 안에 마음 담고 자리 잡은
하얀 구름들 지금은 우리가
깨어나야 할 시간

사랑보다 더 깊은 것은
아무것도 없다는 듯이
생글생글 웃는
그들의 주고받는 심상

긍정의 몸짓으로도
따라잡을 수 없는
그분의 깊고 깊은
헤아릴 수 없는 은혜 속에
푹 잠겨 행복한
나의 일상들을 생각하는 지금

나뭇잎과 바람의 이야기

나뭇잎들이 바람결에
살랑살랑 내 귀에
나무들만의 언어로 속삭인다

바람의 정체는 무엇일까?
알 듯 모를 듯
머릿속으로 마음속으로
생각하고 느껴본다

나의 마음은 그대를 향한
사랑을 초월하는
그 무엇인 양
심호흡을 토해내고
마음을 키워본다

봄날 아침

맑고 청명한 날에
창밖을 바라보면
먼 산 푸르고
하늘 구름 둥둥
나의 심금을 두드리는데

마음 한곳에 접어둔
희망이라는 꿈 하나를
그대에게 전하고파

그대, 나의 메시지 받고서
옅은 우울의 꽃
가슴에 피어나거들랑
내가 다녀간 줄 아소서

비와 하루

비가 내립니다
옛일을 회상해 보면
작고 초라한 추억이
내 가슴 속에서 삭아 내립니다

사람의 인정이란 것이
슬픔과 관계없는 것이
있을 수가 있겠습니까만
잠 못 이루고 울던 밤이
며칠 밤이나 되는지요

비록 그대에게 줄 것은 없지만
그대의 짐이 되는 것은 싫습니다

오늘도 하루를 살기 위해
음악을 듣고 책을 읽고
영어를 접해봅니다

하루하루는 얼마나 소중한지요
그대가 주신 선물임을
잘 알면서도 나는
나 자신을 탓해 보기도 합니다.

하늘 그리기

구름 한 점 없는
파란 하늘 위에다 나의 마음을
적어본다 색깔은 흰색 잉크 물

나만의 도화지 위에
잉크 물이 뚝뚝
떨어지는 듯한 나의 상념들
그 아름다운 글씨들을 모아
그대에게 하얀 내 마음을
오롯이 전하리

기운 차림

더위에 지친 세상 만물들
그들에게 신성이 깃들었다는
물활론(物活論)도 찌는 더위에는 당할 장사가 없다

타들어 가듯이 시들어 가는
풀잎들 그들에게 나의 마음을 담아
용기를 북돋아본다
내 마음이 그들의 힘이 되어
다시 세상이 초록으로 물들 때

하얀 날갯짓으로
그들의 마음에
한 줄기 희망의 빛 심으리

카페에서

탁자 위에 우유 잔에
우유가 점점 줄어가고
음악은 조용히 템포가 빠르게 흐른다

창밖에 자전거 두 대가
나란히 바퀴를 굴리며 간다
카페에 손님은 둘
바리스타는 한 명
이것들이 풍경을 만들면
그것 또한 대단한 것이요

아름다운 지구에 풍경 중에 하나이다
살아있음에 감사한다
우유가 반 잔 남은 것에 감사한다

도심의 희망의 씨앗

비가 내린 뒤 오후는
맑은 햇살이 세상을 금빛으로 비추고

무지갯빛 하늘에
도시의 건물들 우뚝 솟아
수를 놓을 때
나는 예수의 한 마리 어린양
세상 돌보는 사람 없어도
사랑의 불씨 놓지 않고서

희망이 보이는 거리에
여기저기 도심의
한 줄기 희망의 씨앗 심는다.

영혼의 부름

초록이 우거진
도시 한 모퉁이에
푸르름에 매료되어
아름다운 그대 곁에
잠시 머문다.

마음 둘 곳 없어
방황이 나의 이름이 되어
그대 향해 부르던 세레나데

다시는 볼 수 없는 곳으로
떠난 듯 모습 찾을 수 없는
그대 영혼 다시 불러 보리라

선구자

바위처럼 강인하고
들꽃처럼 수줍게
나의 영혼은 한 마리 학처럼
바다를 가로질러
누구도 가본 적 없는
환상의 세계로 날아가리.
.
나의 꿈을 세상
가장 척박한
외딴섬 이정표 없는
곳에 펼쳐 놓으리라

존재함을 기쁨으로 여기면서
살도록 사람들에게
강한 말씀 전하리라.

메시아의 찾아옴

비가 내리는 오후
가랑비 사이로 너의 모습
또렷이 보였다가
빗속으로 사라졌다

지금은 사랑과 미움 사이
어느 곳에 자리 잡았어도
서로에 대한
그리움만 쌓이는 시간

시공을 초월한
3차원적 생각들이
몇몇 사람들을 일깨운다.

그곳에 내가 있어
우리를 찾아온 메시아를
반겨 맞아
그곳에 나를 심는다

고독 속에서의 다시 태어남

나의 의식이 누군가를 부를 때
고독의 몸부림으로
휘청거리는 나를 본다

혼자임을 절감하는 순간들
아픔 속에 진실한
나의 깨우침 있으니

다시 한번 고독 속으로
나를 이끌어가려는
나의 의지들을
뿌리칠 수 없다
그 고독 속에서
다시 태어나려는 나

파괴는 창조의 어머니임을
증명하려는 듯한
나의 강한 의지력이여

초월자

태양계의 우두머리 행성이요
세상 만물 중에서
유일하게 하늘에서
인간을 향해 호령하는 듯한
빛을 발하는 태양

뭇 사람들이 숭배의 대상
이었던 그 태양도
때론 구름에 가려지나니
들어라 세상에
유일하게 존재를
넘어선 초월자가 계시니

따사로운 품으로
우리를 감싸 안으시는 분
계시다. 나는 그분을 위해
안정되고 행복한 아침을
맞이할 수 있음에 감사드린다

겨울의 비상

바람을 마주하고 걷는 것은
언제나 신이 난다
매서운 겨울바람
오히려 시원한 가슴
나도 모르게 언 입 사이로
유행가가 흘러나온다

어지러운 세상에 태어나
그대에게 한 줄의 아름다운 문장
띄워 보내고파서
이렇게 펜을 든다

모든 것들은 역경을 딛고 일어선다
그대 또한 이 어려운 시절에
한 번의 비상을 위해
모든 것들을 끌어모아
이곳에 왔구나

언어의 유희

귀한 글을 한 편 써서
그대의 감성에서 춤추는
한 문장의 언어의 유희를 만들고 파라

인적이 끊어진 숲속 길에
홀로 외로이 피어난 들꽃 한 송이
그의 의식 세계의 위대함에
감동을 받은 한 인간은 조용히 눈을 감는다

모든 물질의 신성에 대해
다시 한번 깨달음의 순간들을
깨친다 하여도 다시 한번
울고 싶은 마음 떨쳐 버릴 수가 없다

햇볕에 튼실해진
이 자연의 오묘한 조화 앞에서
나도 모르게 숙연해진다

꿈속의 바람

백지로 그대에게
소식 전합니다
내 마음이 너무 아파
활자화할 수가 없어서
차라리 백지로 보냅니다

그대 백지로 된
나의 마음 받고서
티끌만큼이라도
이해가 가신다면

이 밤에 잠시
나에게 꿈속에서라도
다녀가시옵소서

존재감

빠져나가려는 손톱의
통증에 잠 못 이루고
비 내리는 겨울밤을
혼자서 쇼팽과 더불어
하얀 밤을 새운다

노동문제 인권문제
문학이라는 것
이런 것들에 휘둘리지
말고 살아갈 것

하지만 어느 순간
지구라는 곳에
내가 있음의 이유를
밝히려 노력할 것

허무의 진리

마음이 아픕니다
이 마음을 무어라 형언할까요?

새로운 시작을 알리는
아침 해가 씩씩하게 떠올라도
감동 없이 가슴은 저 혼자입니다

책 속에서 진리를 찾으려
무던히도 애쓰는
나의 의식 세계는
끊임없이 허무주의의 연속입니다

허무의 끝에는
무엇이 기다리고 있을까요?
언제나 그 문제에 대한
해답을 찾을 수 있을까요

우정

다시 만나자
약속을 뒤로하고
떠나는 너에게
하고픈 말 너무 많지만
'안녕'이란 말은
가슴에 사무치도록
아픔이었고
너와 나의 웃음 뒤에
짧은 이별의
슬픔이 있음을 절감할 때

세상 사람 모두가
우리의 빛으로
존재한다 해도
다시 바꿀 수 없는
바위같이 하나 된
강한 마음이여

다음 생

모차르트가 나의 정신세계를
순간순간 감동시킨다

조용히 있으면
나의 전설 속에 생이
나를 부르는 듯하다

하늘 저편 어디엔가
내 다음 생의 푸른 쪽빛 공간이
나의 자취를 안고 있겠지

구름은 내가
죽음으로 인해 찾아갈
아름다운 신비를 간직하고
내게 조용히 속삭인다

여기 바람이 나뭇잎을 흔드는
하늘 아래 두 번째의
나의 삶을 위해 축복 있으리

죽음의 양식

친구를 생각하며
푸치니를 듣는다

오직 음악 소리와
나의 애잔한 가슴만이
존재하는 나의 공간

과연 내가 21세기를
멋지게 장식하면서 아름답게
사라질 수 있을까?

나의 주변은 나를 시의 심연 속으로
조용히 몰아넣는다

마지막 의식까지
사랑하자 그러다가
짧은 한마디와 함께 가는 거다

50만 년 전의 사랑

마음이 어지럽습니다
존재에 대한 물음마저도
의미 없는 듯 냉가슴입니다
살아내야 한다고
순간순간 다짐해 보지만
허공을 향해 헛손질인 것 같습니다

차라리 그대에게
한 송이 꽃으로 추억되는 것이
나의 숙제일 수도 있다는 생각입니다

언제부터 내가 사랑을 논했습니까
남녀 간의 사랑은
부질없는 것이라고 다짐해 봅니다

그러나 나 혼자만의
세상이 아니기에
다시 한번 직립을
자랑으로 하는 50만 년 전의
인간으로 되돌아가 봅니다

겨울의 바람

흰 눈이 앙상한
나무 위에 하얗게 쌓이고

매서운 겨울바람
내 몸에 스며들 때에
백지장처럼
하얗고 투명한 의식으로

그대의 영혼이 있는 어느 곳쯤에
나의 마음이 안식을 찾는
방황의 끝자락

나는 또 하나의
영혼의 합일을 꿈꾼다